AF495913

LOUIS XIV

BOSSUET — FÉNELON

D'APRÈS

JOSEPH DE MAISTRE

PARIS
RENÉ HATON, LIBRAIRE
35, RUE BONAPARTE, 35

1889

BIBLIOTHÈQUE NATIONALE RF IMPRIMÉS

Lb37 5109

Lb37 5109

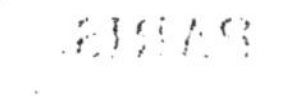

LOUIS XIV

D'APRÈS J. DE MAISTRE

On voit Louis XIV ordonner à ses magistrats *de lui désobéir, sous peine de désobéissance,* s'il adressait des commandements contraires à la loi.

Cet ordre n'est point un jeu de mots : le roi défend d'obéir à l'homme : il n'a pas de plus grand ennemi.

Ce superbe monarque ordonne encore à ses magistrats de tenir pour nulles toutes lettres patentes portant des évocations ou commissions pour le jugement des causes civiles et criminelles et même de punir les porteurs de ces lettres. (T. I, p. 94.)

Les Français sous Louis XIV. Alors la soumission ennoblie par l'enthousiasme, l'honneur exalté, l'esprit chevaleresque, et le respect sans borne pour les vérités religieuses distinguèrent le peuple français : tous ces éléments mêlés, confondus, balancés les uns par les autres, produisirent un caractère général, tout à la fois si grand et si aimable, que l'Europe en fut éblouie et ne l'a point encore oublié.

Alors la conscience agitée de Luxembourg le jetait dans les bras de Bourdaloue ; La Vallière allait s'ensevelir aux Carmélites ; Corneille traduisait à Kempis ;

Racine, attaché à l'armée comme historiographe, écrivait à son fils : Je n'assiste jamais à la messe du Roi sans y voir communier plusieurs mousquetaires avec une piété exemplaire. (T. I, p. 198.)

Alexandre, Auguste... Louis XIV... ont recherché, employé, récompensé plus de grands hommes dans tous les genres, que toutes les républiques de l'univers ensemble.

Quel spectacle est comparable à celui du siècle de Louis XIV ? Souverain absolu et presqu'adoré, personne sans doute ne le gênait dans la distribution des grâces; et quel homme choisit mieux les hommes ?

Colbert régissait ses finances; les talents terribles de Louvois présidaient à la guerre; Turenne, Condé, Catinat, Luxembourg, Berwick, Créqui, Vendôme, Villars, conduisaient ses armées de terre; Vauban ceignait la France; Duguay-Trouin, Tourville, Jean Bart, Duquesne, Forbin d'Oppède, d'Estrées, Renaud, commandaient ses flottes; Talon, Lamoignon, d'Aguesseau étaient assis sur ses tribunaux; Bourdaloue et Massillon prêchaient devant lui; l'épiscopat reçut de sa main ce même Massillon, Fléchier, Bossuet, et ce grand Fénelon, l'honneur de la France, l'honneur de son siècle, l'honneur de l'humanité. Dans ses académies *royales*, les talents rassemblés sous sa protection brillaient d'un éclat unique; c'est lui qui rendit la France la véritable patrie des talents dans tous les genres, l'arbitre de la renommée, la distribution de la gloire.

On dira peut-être que le hasard ayant placé sous sa main une foule de grands hommes, il n'eut pas même le mérite du choix. Quoi donc? Est-ce qu'on s'imagine que son siècle manqua d'hommes médiocres, se croyant propres à tout et demandant tout ? Cette espèce pullule de toutes parts et à toutes les époques. (T. I, p. 477 et 478.)

Un regard de Louis XIV payait l'auteur de Cinna ; c'était pour Louis que Racine enfantait ses miracles ; Tartufe et Armide le distrayait des affaires ; et Télémaque, qu'il n'étudia pas assez, fut cependant une production de son règne. (T. I, p. 530.)

Phases de la nation française. Elle a brillé surtout sous les règnes de Clovis Ier, de Charlemagne, de Philippe-Auguste, de saint Louis, de Charles le Sage, de François Ier, de Louis XIII, de Louis XIV ; jusqu'à cette époque elle n'a cessé de s'élever, et tout ce qu'elle a souffert sous les règnes malheureux doit être mis au rang de ces secousses douloureuses qui ne régénèrent pas les nations (car personne n'a prouvé qu'elles puissent être régénérées), mais qui les perfectionnent lorsqu'elles sont dans leur période progressive, et les poussent vers le plus haut point de leur grandeur. (T. I, p. 551, note.)

Fénelon avertit Louis XIV, en mourant, de prendre garde au jansénisme. La haine de ce grand prince contre la secte a souvent été tournée en ridicule dans notre *grand* siècle. Elle a été nommée *petitesse* par des hommes *très petits* eux-mêmes et qui ne comprenaient pas Louis XIV.

Je sais ce qu'on peut reprocher à ce grand prince ; mais sûrement aucun juge équitable ne lui refusera un bon sens royal, un tact souverain, qui peut-être n'ont jamais été égalés.

C'est par ce sentiment exquis de la souveraineté, qu'il jugeait une secte, ennemie comme sa mère de toute hiérarchie, de toute subordination, et qui, dans toutes les secousses politiques, se rangera toujours du côté de la révolte. (T. III, p. 81.)

Un seigneur de sa cour lui ayant demandé, pour son frère, je ne sais quelle ambassade, Louis XIV lui dit : Savez-vous bien, Monsieur, que votre frère est vivement soupçonné de jansénisme? Sur quoi le courtisan s'étant écrié : Sire, quelle calomnie! Je puis avoir l'honneur d'assurer Votre Majesté que mon frère est athée; le roi avait répliqué, avec une mine toute rassérénée : Ah! c'est autre chose.

On rit : mais Louis XIV avait raison : c'était autre chose. (P. 82.)

En général, l'athée est tranquille. Comme il a perdu la vie morale, il pourrit en silence et n'attaque guère l'autorité. (P. 83.)

Mais le jansénisme est une « erreur active ». (P. 83.)

Assurément ce prince (Louis XIV) possédait des qualités éminentes, et c'est bien mal à propos que, dans le dernier siècle, on avait formé une espèce de conjuration pour le rabaisser; mais, sans déroger à la justice qui lui est due, la vérité exige cependant qu'en lisant son histoire, on remarque franchement et sans amertume ces époques d'enivrement où tout devait plier devant son impérieuse volonté. (T. III, p. 89.)

Si l'on songe aux succès éblouissants d'une très longue partie de son règne,... à la flatterie qui l'environnait comme une sorte d'atmosphère, comme l'air qu'il respirait, et qui finit enfin par devenir un culte, une véritable adoration, on ne s'étonnera plus que d'une chose, c'est qu'au milieu de toutes les séductions imaginables, il ait pu conserver le bon sens qui le distinguait, et que, de temps en temps encore, il ait pu se douter qu'il était homme. (T. III, p. 90.)

On l'a nommé *le plus catholique des rois*, et rien n'est plus vrai si l'on ne considère que les intentions du prince. Mais si, dans quelque circonstance, le Pape se croyait obligé de contredire la moindre des volontés royales, tout de suite la prérogative s'interposait entre le prince et la vérité, et celle-ci courait grand risque. (T. III, p. 90.)

Jamais roi de France, depuis Philippe-le-Bel, n'a donné au Saint-Siège plus de chagrin que Louis XIV. (T. III, p. 91.)

Louis XIV révoqua son Edit du 2 mars 1682, relatif à la Déclaration du clergé ; mais il n'eut pas la force de le révoquer d'une manière également solennelle. Il se contenta d'ordonner qu'on ne l'exécuterait pas. (T. III, p. 129.)

Malheureusement plus tard les gens de loi « lui persuadèrent qu'il ne violerait pas (sa parole), en permettant de soutenir les Quatre Articles comme une opinion libre, qui n'était expressément ni admise ni condamnée. (T. III, p. 133.)

Le monarque eut des torts dans cette affaire ; mais ses torts furent ceux de ses ministres et de ses magistrats, qui l'irritèrent et le trompèrent indignement; et jusque dans ses erreurs même, il mérite de grandes louanges. On voit qu'il souffrait dans sa conscience. Il craignait d'être entraîné, et savait même contrarier l'impulsion parlementaire. Ainsi, quand on lui proposa d'envoyer à l'Assemblée des commissaires laïques, il s'y refusa; et lorsqu'en 1688 le Parlement lui proposa la convocation d'un Concile national, et même d'une assemblée de notables pour forcer la main au Pape, il s'y refusa encore. Il y a bien d'autres preuves des sages mouvements qui s'élevaient dans son cœur, et je ne les ai jamais rencontrés dans l'histoire sans leur rendre hommage; car la nécessité où je me trouve de porter un coup d'œil critique sur quelques parties de ses actes et de son caractère, ne déroge point au respect si légitimement dû à sa mémoire. (T. III, p. 138.)

La manière dont il mit fin à l'Assemblée de 1682 atteste la haute sagesse de ce prince. (*Ibid.*)

Lorsque Bossuet disait en chaire à Louis XIV : Il n'y a plus pour vous qu'un seul ennemi à redouter, vous-même, sire, vous-même, etc., ce prince l'entendait, comme il aurait entendu David disant dans les psaumes : Ne vous fiez pas aux princes, auprès desquels il n'y a point de salut. (T. III, p. 223.)

L'aversion de Louis XIV pour le calvinisme était encore un instinct royal. Il a pu errer dans les moyens, forcer certaines mesures, etc.; mais son instinct avait raison, et il travaillait à la conservation de l'empire. Rien ne peut réconcilier le protestantisme avec l'autorité... Jamais le protestantisme ne cessa un instant de conjurer contre la France... Louis XIV parut; tout plia devant lui... Il disait un jour à un protestant de marque : « Mon père vous craignait, mon grand-père vous aimait; moi je ne vous crains ni ne vous aime » : il avait raison. Il révoqua l'édit de Nantes : il eut raison encore; il ne fallait point de confiscation, point de sévérité inutile, et surtout point de tyrannie sur les consciences : voilà le mal... Quoique pour rendre hommage à la vérité, il faille convenir que le roi était bien éloigné de connaître tout ce qu'on faisait de mal, que l'exécution de la loi, comme il arrive presque toujours dans les grandes mesures, entraîne des abus qui ne doivent pas être mis sur le compte du législateur. (T. VIII, p. 79, 80.)

Louis XIV foula aux pieds le protestantisme, et il mourut dans son lit, brillant de gloire et chargé d'années ; Louis XVI le caressa, et il est mort sur l'échafaud.

Et c'est surtout les enfants de cette secte qui l'y ont conduit. (T. VIII, p. 82.)

Louis XIV a-t-il laissé une réputation équivoque de grandeur pour avoir constamment reconnu, traité, honoré Jacques II en roi ? Pour lui avoir donné un palais à Saint-Germain ? Pour l'avoir fait asseoir à sa droite ? Pour l'avoir appelé jusqu'à sa mort : Sire, Votre Majesté et mon frère ? Ce fut au contraire un des plus beaux traits de son grand caractère, et les Anglais l'honoraient dans le fond de leur cœur pour cette noble constance. (T. X, p. 12.)

A propos des protestants français reçus en Prusse au

temps de la révocation de l'édit de Nantes, M. de Maistre dit un jour à un ambassadeur prussien : « Avouez aujourd'hui que Louis XIV connaissait bien ces messieurs lorsqu'il les chassa : vous les avez reçus, ils ont bien payé le loyer. » — Vous n'avez que trop raison, répondit le Prussien. (T. X, p. 249.)

Le premier de tous les talents est celui de régner; c'en est un qui les emploie tous et qui les surpasse tous. Philippe II et Louis XIV n'étaient pas, je crois, des automates. (T. XII, p. 214.)

BOSSUET

D'APRÈS J. DE MAISTRE

Bossuet a manqué l'idée de l'infaillibilité (du Pape), de manière à permettre au bon sens laïque de sourire en le lisant. (II, 9.)

Bossuet a très heureusement exprimé ce genre d'unité (la suprématie monarchique du Souverain Pontife) et tous les privilèges de la chaire de saint Pierre dans la personne de son premier possesseur. — (*Sermon de l'unité*, Ire partie.) — (II, 34.)

Nous avons entendu Bossuet s'écrier : Pierre est toujours vivant dans son siège. (*Serm. sur la résurrection*, IIe partie.)

Il ajoute : Paissez mon troupeau et avec mon troupeau paissez aussi les pasteurs *qui à votre égard seront des brebis*. (*Ibid.*, II, 55.)

Qui jamais connut mieux que lui (Bossuet) les droits de l'Église romaine, et qui jamais en parla avec plus de vérité et l'éloquence ? Et cependant ce même Bossuet emporté par une passion qu'il ne voyait pas au fond de son cœur, ne tremblera pas d'écrire au Pape avec la plume de Louis XIV (Lisez : de Colbert) que si Sa Sainteté prolongeait cette affaire par des ménagements qu'on ne comprenait pas, le roi saurait ce qu'il aurait à faire et qu'il espérait que le Pape ne voudrait pas le réduire à de si fâcheuses extrémités.

Saint Augustin, en convenant franchement des torts de saint Cyprien, espère que le martyr de ce saint personnage les a tous expiés ; espérons aussi qu'une longue vie consacrée tout entière au service de la religion et tant de nobles ouvrages qui ont illustré l'Église autant que la France, auront effacé quelques fautes, ou si l'on veut quelques mouvements involontaires, *quos humana parum cavit natura.*

Le grand homme avait résolu de ne choquer personne et c'est dans ce système, inviolablement suivi, que se trouve l'origine de ces angoisses pénibles qui versèrent tant d'amertumes sur ses derniers jours. (*Ibid.*, II, 87.)

On ne comprendra jamais parfaitement le sermon si justement célèbre, sur l'*Unité* de l'Église, si l'on ne se rappelle constamment le problème difficile que Bossuet s'était proposé dans ce discours. Il voulait établir la doctrine catholique sur la suprématie romaine, sans choquer un auditoire exaspéré, qu'il estimait très peu, et qu'il croyait trop capable de quelque folie solennelle. On pourrait désirer quelquefois plus de franchise dans ses expressions, si l'on perdait de vue un instant le but général. (*Ibid.*, II, 90.)

Remercions Bossuet de ce qu'il a dit, et tenons-lui compte surtout de ce qu'il a empêché, mais sans oublier que tandis que nous ne parlerons pas plus clair qu'il ne s'est permis de le faire dans ce discours, l'unité qu'il a si éloquemment recommandée et célébrée se perd dans le vague et ne fixe plus la croyance. (*Ibid.*, II, 104.)

Colbert fut le premier auteur de cette malheureuse résolution (de mortifier le Pape). Ce fut lui qui détermina Louis XIV. Il fut le véritable auteur des Quatre Propositions (Articles de 1682), et les courtisans en camail ne furent au fond que ses secrétaires. (*Ibid.*, III, 102.)

Bossuet même qui ne voulut pas, avec très grande raison, qu'on traitât la question de l'autorité du Pape, n'imagina pas seulement de contredire les ministres d'aucune manière visible, du moins pour l'œil de la postérité. (*Ibid.*, III, 104.)

Clément XII s'abstient de condamner le livre de Bossuet sur la Défense de la Déclaration de 1682, bien « qu'il eût été difficile de trouver un autre ouvrage aussi contraire à la doctrine professée partout hors de la France sur l'infaillibilité du Pape parlant *ex cathedra* », entre autres raisons « à cause des égards dus à la mémoire d'un auteur qui, à tant d'autres titres, avait bien mérité de la religion ». (*Ibid.*, III, 127.)

Bossuet ne voulait point de cette assemblée (de 1682)... Il ne voulait pas qu'on touchât à l'autorité du Pape... Il disait à l'archevêque de Reims, fils de Le Tellier et fanatisé par son père : Vous aurez la gloire d'avoir terminé l'affaire de la régale ; mais cette gloire sera obscurcie par ces propositions odieuses. Ce mot décisif contient l'absolution parfaite de Bossuet quant à la Déclaration. Il faut absoudre aussi l'archevêque et son père qui virent les suites et se retirèrent. (*Ibid.*, III, 151.)

L'histoire du temps et les œuvres de Bossuet présentent une foule de preuves de l'aversion de ce grand homme pour le funeste projet des ministres... Le plus prudent, le plus observateur, le plus mesuré des hommes ne pouvait songer à remuer cette pierre énorme ; et son étonnante perspicacité devait le faire trembler devant les conséquences. Bossuet entra dans l'assemblée comme modérateur : il la craignait d'avance, et n'en pensa pas mieux depuis.

Il ne voulait pas qu'on y traitât de l'autorité du Pape ; cette épouvantable imprudence devait choquer à l'excès un homme dont la qualité la plus saillante était la crainte de se compromettre avec aucune autorité, avec aucune influence même un peu marquante.

Bossuet... fut bien le *rédacteur*, mais non le *promoteur* des Quatre Articles.

Il se rendit infiniment utile à l'Église en s'opposant à des hommes emportés, et surtout en faisant avorter, par ses représentations et par son autorité, une rédaction (celle de l'évêque de Tournay) entièrement schismatique, puisqu'elle admettait la défectibilité du Saint-Siège : il faut donc tenir compte à Bossuet de tout ce qu'il fit et de tout ce qu'il empêcha dans cette occasion. (*Ib.*, III, 155.)

Bossuet, enfin, soit qu'il y fut déterminé par un ordre exprès ou par une simple insinuation de Louis XIV, ou peut-être aussi par le mouvement de ses idées, car l'histoire permet de faire toutes ces suppositions, Bossuet, dis-je, entreprit la défense de la Déclaration, et ce fut pour lui le plus grand des malheurs ; depuis cette fâcheuse époque il n'y eut plus de repos pour le vénérable vieillard.

On ne saurait se défendre d'une respectueuse compassion en le voyant... refaire ou remanier jusqu'à six fois son ouvrage, dans les vingt ans qui s'écoulèrent de 1682 à 1702.

Las de cette Déclaration qu'il n'avait jamais pu supporter dans le fond de son cœur, Bossuet finit par écrire : *Qu'elle aille se promener ! Je n'entreprends point (je me plais à le répéter souvent) je n'entreprends point de la défendre ici.* ABEAT IGITUR DECLARATIO QUO LIBUERIT ! *Non enim eam (quod sæpe profiteri juvat) tutandam hic suscepimus.* (BOSSUET, *in Gallia orthodoxa*, cap. X.)

Il serait difficile de rendre à la Déclaration une justice plus parfaite. (*Ib.*, III, page 157.)

Plaignons le grand homme : une fois embarqué avec des hommes qui ne lui ressemblaient guère, il faut voguer ensemble. (*Ib.*, III, page 164.)

Dans l'âme pure de Bossuet le scrupule suffisait pour glacer la volonté. Il n'aimait plus son travail et ne voulait pas qu'il parût. (*Ib.*, III, 179.)

Jamais auteur célèbre ne fut, à l'égard de ses œuvres posthumes, plus malheureux que Bossuet. Le premier de ses éditeurs fut son misérable neveu ; et celui-ci eut pour successeurs des moines fanatiques qui attirèrent sur leur édition la juste animadversion du clergé de France. (*Ib.*, III, 185.)

Jamais je ne me déterminerai à mettre sur le compte d'un homme, non moins célèbre par ses vertus que par son génie, les criminelles erreurs exhumées de je ne sais quel manuscrit, quarante et un ans après sa mort. (*Ib.*, III, 186.)

Si l'on ne veut pas admettre la supposition d'un mensonge de la part du neveu, il n'y a point de milieu : Il faut croire que Bossuet est mort protestant. (*Ib.*, III, 186.)

(Croirait-on qu'il s'est rencontré un homme honnête assez naïf pour dire que, d'après Joseph de Maistre, Bossuet serait effectivement mort protestant !)

Nous devons à ses merveilleux talents, nous devons aux services inestimables qu'il a rendus à l'Église et aux lettres de suppléer à ce qu'il n'a pas écrit dans son testament.

Il appartient à tout homme juste et éclairé de condamner tout ce qu'il a condamné, de mépriser tout ce qu'il a méprisé, quand même le caractère, auquel on n'échappe jamais entièrement, l'aurait empêché de parler assez clair pendant sa vie. C'est à nous surtout qu'il appartient de dire à tout éditeur indigne, quels que soient son nom et sa couleur : *Abi quo libuerit !* Il n'appartient à aucun de ces fanatiques obscurs d'entacher la mémoire d'un grand homme. Parmi tous les ouvrages qu'il n'a pas publiés lui-même, tout ce qui n'est pas digne de lui, n'est pas de lui. (*Ib.*, III, 191.)

S'il y a quelque chose d'inexplicable dans l'histoire de ces temps et de ces choses, c'est la conduite de Bossuet à l'égard du jansénisme. (*Ib.*, III, 215.)

Si l'on n'examine que ses principes, personne n'a le moindre droit d'en douter, j'oserais dire même qu'on ne saurait les mettre en question sans commettre une injustice qui pourrait s'appeler *crime*. (*Ib.*, III, 215.)

Mais dès qu'il s'agit de frapper l'ennemi, il retient visiblement ses coups, et semble craindre de le toucher. (*Ib.*, III, 216.)

En face de l'un des ennemis les plus dangereux de

l'Église, le jansénisme, on cherche Bossuet sans le trouver. (*Ib.*, III, 218.)

Et les jansénistes, en se prévalant de cette modération, n'ont pas manqué de citer ce grand homme comme leur oracle et de l'inscrire dans leurs rangs[1], mais sans succès. Jamais Bossuet ne leur a appartenu, et l'on ne pourrait, sans manquer de respect, et même de justice, envers la mémoire de l'un des plus grands hommes du grand siècle, élever le moindre doute sur la sincérité de ses sentiments et de ses déclarations. (*Ib.*, III, 220.)

Jamais l'autorité n'eut de plus grand et surtout de plus intègre défenseur que Bossuet. (*Ib.*, t. III, p. 223.)

La cour était pour lui un véritable sanctuaire, où il ne voyait que la puissance divine dans la personne du roi. La gloire de Louis XIV et son absolue autorité ravissaient le prélat, comme si elles lui avaient appartenu en propre. Quand il loue le monarque, il laisse bien loin derrière lui tous les adorateurs de ce prince qui ne lui demandaient que la faveur. Celui qui le trouverait flatteur montrerait bien peu de discernement. Bossuet ne loue que parce qu'il admire, et sa louange est toujours parfaitement sincère.

Il faut ajouter que la soumission de Bossuet n'a rien d'avilissant, parce qu'elle est purement chrétienne ; et comme l'obéissance qu'il prêche au peuple est une obéissance d'amour, qui ne rabaisse point l'homme, la

[1] Ils ne lui ont reproché que le sermon sur *l'Unité*, qu'ils ont trouvé scandaleux.

BIBLIOTHÈQUE NATIONALE R.F. IMPRIMÉS

liberté qu'il employait à l'égard du souverain était aussi une liberté chrétienne qui ne déplaisait point. Il fut le seul homme de son siècle (avec Montausier peut-être) qui eut le droit de dire la vérité à Louis XIV sans le choquer. Lorsqu'il lui disait en chaire : Il n'y a plus pour vous qu'un seul ennemi à redouter, vous-même, Sire, vous-même, etc. (*Serm. sur la Résurrection*), ce prince l'entendait comme il avait entendu David disant dans les psaumes : Ne vous fiez pas aux princes, etc. L'homme n'était pour rien dans la liberté exercée par Bossuet ; or c'est l'homme seul qui choque l'homme : le grand point est de savoir l'anéantir.

Boileau disait à l'un des plus habiles courtisans de son siècle :

> Esprit né pour la cour et maître en l'art de plaire,
> Qui sais également et parler et te taire.

Ce même éloge appartient éminemment à Bossuet.

Nul homme ne fut jamais plus maître de lui-même et ne sut mieux dire ce qu'il fallait, comme il fallait et quand il fallait. Était-il appelé à désapprouver un scandale public, il ne manquait point à son devoir ; mais quand il avait dit : Il ne vous est pas permis de l'avoir, il savait s'arrêter et n'avait plus rien à démêler avec l'autorité.

Toujours prêtre et rien que prêtre, il pouvait désespérer une maîtresse sans déplaire à l'auguste amant.

Bossuet porta à Mme de Montespan l'ordre de s'éloigner de la cour. Elle l'accabla de reproches, dit le journal de M. Ledieu : elle lui dit que son orgueil l'avait poussé à la faire chasser, etc. — Cette colère est bien honorable pour le grand homme qui en était l'objet. (*Ib.*, III, 224.)

Mais « il y a dans la vie d'une foule de grands hommes je ne sais quel point fatal après lequel ils déclinent... Bossuet aurait dû mourir après le sermon sur l'*Unité*.

Depuis l'époque de 1682, l'évêque de Meaux déchoit de ce haut point d'élévation où l'avaient placé tant de merveilleux travaux. Son génie s'est fait homme : ce n'est plus un oracle. (*Ib.*, III, 231.)

L'immortel Bossuet. Parmi les grands hommes du grand siècle, il n'en est pas que le siècle suivant ait plus tâché de déprécier. *Urit enim fulgore sui*[1]. On n'ose pas tout-à-fait dire qu'il ne savait pas le français, ou qu'il fut un mauvais évêque ; mais on s'en console par des insinuations malignes qui tendent à blesser ce grand caractère. Les philosophes du dix-huitième siècle se sont évertués sur ce chapitre. (*Ib.*, t. VIII, p. 13.)

Un certain Grouvelle s'étant permis d'écrire que « Bossuet avait montré une singulière souplesse, et comme prélat et comme théologien, » J. de Maistre répond : Nous attendons les preuves de cette *singulière souplesse*. En attendant, nous rappellerons que, lorsque Louis XIV lui demanda son avis sur la comédie, il répondit : Sire, il y a de grands exemples pour et de grandes raisons contre !... Qu'en prêchant devant son

1. Boileau a partagé cet honneur. Les philosophes du dix-huitième siècle avaient toutes sortes de raisons de détester particulièrement l'apôtre de la foi et l'apôtre du goût. (*Note de J. de Maistre.*)

maître, il lui disait avec une *singulière souplesse :* Il n'y a plus pour vous, Sire, qu'un seul ennemi à redouter : Vous-même, Sire, vous-même ; vos victoires, votre propre gloire, etc.

On calomnie Bossuet, il suffirait peut-être de le citer :

Le dieu poursuivant sa carrière,
Verse des torrents de lumière
Sur son obscur blasphémateur.

(*Id.*, *Ib.*, t. VIII, p. 15 et 16.)

Conclusion : Personne n'est plus pénétré que je ne le suis de tout ce que la religion et les lettres doivent à l'illustre Bossuet ; mais il faut aussi avoir le courage de convenir qu'il a eu des torts incontestables. Il aurait dû mourir après son sermon sur l'Unité.

Il serait aisé de prouver que la conduite de ce grand homme, pendant les dernières années de sa vie, a eu des suites très fâcheuses. (Lettre 436.)

Enfin, à propos de son livre sur l'*Église gallicane*, J. de Maistre écrit :

« Mon duel avec Bossuet sera regardé comme un sacrilège.

« Vous trouverez peut-être que j'exagère, mais je pense que les maximes gallicanes et l'autorité gigantesque de Bossuet sont devenus un des grands maux de l'Église. (Lettre 532.)

FÉNELON

D'APRÈS J. DE MAISTRE

Fénelon était plus clair (que Bossuet) lorsqu'il disait dans sa propre cause (*Les maximes des Saints*) : Le Souverain Pontife a parlé ; toute discussion est défendue aux évêques ; ils doivent purement et simplement reconnaître et accepter le décret. (II, p. 143.)

Fénelon sentait qu'il ne pouvait se raidir sans ébranler le principe unique de l'unité ; et sa soumission, mieux que nos raisonnements, réfute tous les sophismes de l'orgueil, de quelque nom qu'on prétende les étayer. (II, p. 144.)

Fénelon disait qu'il aimerait autant leur (aux dames) faire apprendre le latin pour entendre l'office divin, que l'italien pour lire des poésies amoureuses. (II, p. 164.)

Fénelon qui la connaissait parfaitement (la secte janséniste) avertit Louis XIV, en mourant, de prendre garde au jansénisme. (II, p. 81.)

S'il y a quelque chose de piquant pour l'œil d'un observateur, c'est de placer à côté de ce caractère (de Bossuet) celui de Fénelon levant la tête au milieu des favoris et des maîtresses ; à l'aise à la cour où il se croyait chez lui, et fort étranger à toutes sortes d'illusions ; sujet soumis et profondément dévoué, mais qui avait besoin d'une force, d'un ascendant, d'une indépendance extraordinaire pour opérer le miracle dont il était chargé.

Trouve-t-on dans l'histoire l'exemple d'un autre thaumaturge *qui ait fait d'un prince un autre prince*, en forçant la plus terrible nature à reculer ? Je ne le crois pas.

Voltaire a dit : L'aigle de Meaux, le cygne de Cambrai.

On peut douter que l'expression soit juste à l'égard du second qui avait, peut-être dans l'esprit moins de condescendance, et plus de sévérité que l'autre.

Les circonstances mirent ces deux grands personnages en regard, et par malheur ensuite en opposition. Honneur éternel de leur siècle et du sacerdoce français, l'imagination ne les sépare plus, il est devenu impossible de penser à eux sans les comparer. (III, p. 225.)

Fénelon voyait ce que personne ne pouvait s'empêcher de voir : des peuples haletants sous le poids des impôts, des guerres interminables, l'ivresse de l'orgueil, le délire du pouvoir, les lois fondamentales de la monarchie mises sous les pieds de la licence presque couronnée ; la race de l'*altière Vasthi* menée en triomphe au milieu d'un peuple ébahi, battant des mains *pour le sang de ses maîtres*.

Alors le zèle qui dévorait le grand archevêque savait à peine se contenir. Mourant de douleur, ne voyant plus de remèdes pour les contemporains, et courant au secours de la postérité, il ranimait les morts, il demandait à l'allégorie ses voiles, à la mythologie ses heureuses fictions ; il épuisait tous les artifices du talent pour instruire la souveraineté future, sans blesser celle qu'il aimait tendrement en pleurant sur elle...

Cependant qu'est-il arrivé? Ce grand et aimable génie paie encore aujourd'hui les efforts qu'il fit, il y a plus d'un siècle, pour le bonheur des rois, encore plus que pour celui des peuples. L'oreille superbe de l'autorité redoute encore la pénétrante douceur des vérités prononcées par cette Minerve envoyée sous la figure de Mentor ; et peu s'en faut que, dans les cours, Fénelon ne passe pour un républicain.

C'est en vain qu'on pourrait s'en flatter : jamais on n'y pourra distinguer la voix du respect qui gémit de celle de l'audace qui blasphème. (III, p. 227.

Qui sait si Fénelon et Bossuet n'eurent pas le malheur de se donner précisément les mêmes torts, l'un envers la puissance pontificale, l'autre envers la puissance temporelle. (*Ib.*, p. 228.)

Dans les papiers secrets de Fénelon... on voit que dans les plans de réforme qu'il dessinait, seul avec lui-même, tout était strictement conforme aux lois de la monarchie française, sans un atôme de fiel, sans l'ombre d'un désir nouveau. Il ne donne même dans aucune théorie : sa raison est toute pratique. (*Ib.*, p. 229.)

Fénelon, il faut l'avouer, est l'idole des philosophes : est-ce une accusation contre sa mémoire? La réponse dépend de celle qu'on aura faite au problème élevé sur l'amour des jansénistes pour Bossuet, et que j'essayais de résoudre par la loi universelle des affinités. (*Ib.*, p. 229.)

Quels hommes que Fénelon et Bossuet dans la partie philosophique de leurs écrits! (VI, p. 456.)

Bourges. — Typ. TARDY-PIGELET.

BIBLIOTHÈQUE NATIONALE R.F. IMPRIMÉS

www.ingramcontent.com/pod-product-compliance
Ingram Content Group UK Ltd.
Pitfield, Milton Keynes, MK11 3LW, UK
UKHW021033220726
13924UKWH00001B/282